Detectar y evitar el gaslighting

Cómo desenmascarar fácilmente el gaslighting en la pareja y en el trabajo basándote en 11 signos y escapar de la trampa de la manipulación en 5 pasos.

Anna-Lena Palek

CONTENIDO

Qué puedes esperar de esta guía

¿Has tenido alguna vez la experiencia de ser manipulado por una persona hasta tal punto que sentiste que algo iba mal en tu percepción? ¿Que finalmente empezaste a dudar de tu capacidad de percepción, incluso de tu salud mental? ¿Que empezaste a perder la confianza en tus sentidos porque te sugerían regularmente que estabas percibiendo la realidad de forma incorrecta? No estás solo: este fenómeno tan extendido se denomina *gaslighting* y es una forma sutil, pero grave de violencia psicológica que puede tener efectos duraderos en la autoestima de la víctima.

"Nunca he dicho eso. Te lo estás imaginando".

"Nunca ocurrió así".

"Estás exagerando".

"Estás loca. Deberías buscar ayuda".

Éstos son sólo algunos ejemplos de frases que suelen utilizarse en el gaslighting: si te suenan y además ya no estás seguro de poder seguir confiando en tu percepción, es posible que estés afectado.

El gaslighting nos puede ocurrir en distintos ámbitos de la vida: en amistades y relaciones, en el lugar de trabajo, en estructuras políticas y sectarias... pero en todos los casos, esta técnica manipuladora pretende hacer dudar a la víctima de su percepción y cordura para obtener el control y ejercer el poder. Pero hay formas y medios de atravesar y romper esta pauta destructiva.

En esta guía, no sólo aprenderás qué es exactamente el gaslighting y cómo funciona este mecanismo, sino también cómo puedes liberarte -y liberar a los demás- de la trampa de la manipulación y, en última instancia, salir fortalecido de esta crisis.

Nota importante sobre el género: En aras de una mejor legibilidad, a lo largo de esta guía se utiliza el masculino genérico. Sin embargo, huelga decir que en todos los casos se habla por igual a los miembros de todos los géneros.

¿Qué es el Gaslighting?

GASLIGHTING - ¿QUÉ SIGNIFICA?

Una y otra vez se oye y se lee sobre este término: gaslighting. Aparece en foros, blogs, periódicos y guías, en el contexto de la salud mental en el lugar de trabajo y en relación con los métodos de crianza, las estructuras de personalidad narcisista y las relaciones tóxicas. Pero, ¿qué hay exactamente detrás de esta palabra? ¿Y a qué se debe este nombre?

El término se basa en el título de la obra *Luz de gas* del dramaturgo británico Patrick Hamilton. Este fenómeno se abordó por primera vez con la publicación de la obra en 1938. La trama gira en torno a un matrimonio en el que el marido busca en secreto las joyas de una inquilina fallecida en la casa que comparten. Mientras enciende las lámparas de gas del piso superior de la casa durante su búsqueda, las lámparas del resto de la casa se apagan, pero él lo niega con vehemencia cuando su mujer le llama la atención. Con el tiempo, el hombre consigue convencer cada vez más a su mujer de que se está imaginando las luces parpadeantes, igual que los ruidos desconocidos que llegan a ella cuando él vuelve al desván. Para apoyar sus mentiras, las extiende gradualmente a cada vez más ámbitos de la vida y, finalmente, incluso le hace creer que su madre -como ella- se ha vuelto loca y ha muerto en un sanatorio.

Cuando la película La *casa de Lady Alquist,* basada en la obra *Luz de gas,* apareció en 1944 y rápidamente ganó popularidad, el tema se hizo finalmente de dominio público. Pero, por desgracia, la esfera de influencia del fenómeno subyacente a los dos dramas mencionados no se limita al espacio ficticio de los guiones cinematográficos y teatrales. Ya sea en las relaciones de pareja o en el lugar de trabajo, esta forma particular de manipulación sale a la luz una y otra vez, en la que se hace creer a la víctima que algo va mal en su percepción. Los regímenes políticos o las sectas también pueden utilizar esta práctica para controlar la mente de sus seguidores. En muchos casos de abuso sexual infantil, el gaslighting se utiliza para enturbiar los recuerdos de la experiencia y crear dependencias emocionales. Sin embargo, el gaslighting también afecta repetidamente a grupos de población individuales o a minorías de la sociedad en su conjunto: también puede encontrarse en la manifestación de estructuras racistas y sexistas.

El aspecto pérfido de esta táctica manipuladora reside en el hecho de que se siembran regularmente dudas en la víctima (*Gaslightee*) sobre su propia capacidad perceptiva sobre la base de una relación de confianza durante un largo periodo de tiempo. En la mayoría de los casos, este proceso tendrá un efecto duradero en la autoestima de la persona afectada y dejará daños, con cuyas consecuencias la víctima tendrá que luchar a menudo durante años. Sin embargo, el agresor (*gaslighter*) no siempre es consciente de su comportamiento manipulador. En particular, el gaslighting puede darse con mayor frecuencia en determinadas enfermedades, como el narcisismo o la sociopatía, sin que el gaslighter sea consciente de los efectos tóxicos de su comportamiento.

CONSECUENCIAS DEL GAS-LIGHTING

El gaslighting actúa como un veneno rastrero que, lenta pero inexorablemente, ataca y quiebra la autoconfianza de la persona afectada. La sensación de que uno ya no puede confiar en su propia percepción crea una inseguridad que se extiende gradualmente a todos los ámbitos de la vida. Como muchos Gaslightees desarrollan el miedo a haberse vuelto locos, se apartan de su vida social e intentan afrontar la situación solos.

Cuanto más se prolonga el problema, más drásticas son las consecuencias: pueden aparecer depresión, ansiedad, paranoia y sentimientos de alienación. Si estos patrones no se reconocen y se rompen a tiempo, pueden producirse daños psicológicos duraderos; en particular, las personas afectadas por el gaslighting en la infancia suelen luchar contra las graves consecuencias a lo largo de su vida y a menudo corren el riesgo de volver a caer en este tipo de relaciones de adultos.

¿CÓMO FUNCIONA EL GAS-LIGHTING?

Un requisito básico para el gaslighting es que exista una relación de confianza entre el agresor y la víctima. Sólo sobre esta base es posible que el gaslighter haga creer al gaslightee, mediante su manipulación dirigida, que percibe la realidad de forma distorsionada y que se está imaginando cosas. De este modo, la confianza del Gaslightee en su propia percepción disminuye gradualmente y a menudo siente una presión cada vez mayor para justificarse ante el Gaslighter. Pero cuanto más intenta defenderse, más depende de la reacción del Gaslighter. Todos los intentos de recuperar el reconocimiento del Gaslighter se convierten en lo contrario. Se desarrolla un desequilibrio de poder.

Una vez puesto en marcha este mecanismo, es difícil volver a romperlo. El Gaslightee siente un mayor deseo de seguridad, que busca en la representación de la realidad del Gaslighter, que éste puede utilizar a su vez para sembrar más dudas. Cuanto menos siente el Gaslightee que puede confiar en su propia percepción, más fuerte se hace su dependencia de la representación de la realidad del Gaslighter. En muchos casos, la menguante autoestima del Gaslightee y el miedo a haberse vuelto loco hacen que se aleje de los contactos sociales fuera de la relación tóxica de Gaslighting, un efecto de consecuencias fatales, ya que un intercambio con personas ajenas o amigos a menudo podría ayudar a reforzar la confianza en la propia visión. No es infrecuente, sin embargo, que los perpetradores en las relaciones de gaslighting lleguen incluso a persuadir a sus víctimas de que todo el entorno ha reconocido hace tiempo que están locas y sólo fingen que todo les va bien por compasión.

Cada vez más, el Gaslighter va ganando control sobre el pensamiento del Gaslightee hasta que, en el peor de los casos, el Gaslightee se encuentra completamente incapaz de pensar con claridad por sí mismo y, finalmente, se vuelve completamente dependiente de que el Gaslighter le diga constantemente lo que está bien y lo que está mal.

EXCURSO: EL SÍNDROME DE E-STOCOLMO

El síndrome de Estocolmo describe un fenómeno psicológico en el que las víctimas (normalmente de secuestro o toma de rehenes) desarrollan una relación positiva con su agresor; en algunos casos, incluso se enamoran. De forma similar al gaslighting, la pérdida total de cualquier seguridad hace que la víctima se ponga confiadamente en manos del agresor, porque representa el único punto de referencia fijo en la nueva situación.

El término Síndrome de Estocolmo procede de la toma de **rehenes durante el atraco a un banco** ocurrido en Estocolmo en 1973. Cuatro empleados fueron tomados como rehenes. Según los informes de los medios de comunicación, los rehenes se solidarizaron con sus secuestradores durante los cinco días siguientes y, en consecuencia, mostraron actitudes cada vez más hostiles hacia la policía. Incluso después de que terminara la toma de rehenes, no mostraron ningún sentimiento negativo hacia los secuestradores; al contrario, incluso les estaban agradecidos por haber sido liberados. Es más, los rehenes pidieron clemencia para los autores e incluso les visitaron en la cárcel. Al igual que en el gaslighting, las víctimas empiezan a identificarse y solidarizarse con los autores. Al formar un vínculo positivo con los perpetradores, se crea una sensación de seguridad. Si admitieran lo que realmente ocurre, esta supuesta seguridad se disolvería. Así pues, el fenómeno descrito, al igual que el gaslighting, representa un mecanismo protector del alma que intenta garantizar la necesidad humana básica de apego y seguridad.

Sin embargo, el síndrome de Estocolmo difiere del gaslighting en que el primero puede ser desarrollado por la víctima sin influencia deliberada del agresor, mientras que el gaslighting requiere necesariamente una manipulación consciente o inconsciente, pero en cualquier caso activa, por parte del agresor. No obstante, no es infrecuente que ambos fenómenos vayan de la mano.

¿Cómo puedo reconocer el gaslighting?

11 SEÑALES DE GASLIGHTING

1. Desarrollan dudas sobre sí mismos y se sienten cada vez más inseguros.

2. Se vuelven cada vez más críticos consigo mismos y tienen la sensación de que ya no pueden hacer nada bien.

3. La opinión de los demás es cada vez más importante para ti. Con cada acción, con cada declaración, empiezas a preguntarte cómo serás recibido y buscas cada vez más el reconocimiento del exterior.

4. Si algo va mal, busca inmediatamente el fallo en ti mismo.

5. El Gaslighter te dice lo que tienes que pensar y sentir. Si le contradices, afirma que estás equivocado/exagerando/siendo demasiado sensible o algo similar.

6. El Gaslighter parece saber exactamente lo que los que te rodean piensan de ti ("Todos nos preguntamos qué te pasa", "Todos estamos de acuerdo en que exageras" o similares).

7. En muchos casos, los gaslighters también atraen a su lado a personas de su entorno inmediato (círculo de amigos, entorno laboral...).

8. El Gaslighter pone en tu boca palabras que nunca salieron de ti, o niega afirmaciones que puedes recordar claramente. Hace que parezca que la razón de esta discrepancia reside en ti y en tu supuesta percepción distorsionada. Al final, puede que tú mismo ya no estés seguro de lo que realmente se dijo/sucedió y de lo que sólo estás imaginando.

9. Te sientes presionado por el Gaslighter. Esto puede ocurrir mediante amenazas (por ejemplo, "Si no..., entonces tendré que...") o haciéndote el vacío en cuanto

no te comportes según su idea.

10. Si expresas un sentimiento, sobre todo negativo, el Gaslighter te dirá que estás equivocado en tu sentimiento.

11. Empiezas a creer más en la valoración de los demás que en tus propios sentimientos.

¿UNA MENTIRA YA ES GAS-LIGHTING?

Pero, ¿cuál es la diferencia entre una mentira "convencional" y el gaslighting? ¿Dónde está la línea divisoria entre ambas? ¿O toda falsedad es ya una forma de manipulación que podría calificarse de gaslighting?

Desde luego, no es fácil distinguir claramente entre ambas en todas las situaciones, y las transiciones a veces pueden ser fluidas. Básicamente, sin embargo, se aplica lo siguiente: una falsedad que no cuestiona explícitamente la capacidad de percepción de la otra persona es una mentira (y por tanto, por supuesto, no está bien), pero todavía no gaslighting. Sólo cuando tu contraparte también expresa que hay algo que no funciona en tu percepción se denomina gaslighting. En el capítulo siguiente encontrarás algunos ejemplos que muestran claramente la diferencia.

Situaciones típicas de Gaslighting

En el capítulo siguiente, se presentan algunas situaciones en las que puede reconocerse un comportamiento ejemplar de gaslighting. Por supuesto, el gaslighting puede producirse con diversos motivos en innumerables constelaciones, pero para proporcionar algunas pistas de la vida real, se muestran aquí algunos patrones comunes. Todas las constelaciones mostradas son ficticias, pero basadas en hechos reales.

EN ASOCIACIONES

El gaslighting suele darse en el contexto del tema de la fidelidad y la infidelidad. Tanto la persona celosa como la infiel pueden convertirse en el gaslighter. Por ejemplo, cuando se encubren aventuras, a menudo se persuade a la persona sometida a gaslighting de que está imaginando las señales que podrían indicar infidelidad.

Markus y Lina son pareja desde hace más de 10 años y están casados desde hace 3 años. Markus trabaja como arquitecto, Lina es actriz y a menudo viaja durante largos periodos debido a compromisos como actriz invitada. Una vez, recién llegada de un viaje, descubre una larga cabellera negra en el sofá. La propia Lina tiene el pelo rubio y no hay nadie con ese pelo en su círculo de amigos. Sin embargo, sabe que Markus tiene un colega con el pelo largo y negro en su estudio de arquitectura. A pesar de sus inhibiciones iniciales -después de todo, no quiere parecer controladora-, se acerca a Markus con cautela. Él reacciona irritado. "¡Te he dicho que mi colega estuvo aquí anteayer porque teníamos que seguir trabajando en nuestro proyecto conjunto!". Lina se sorprende: no recuerda que Markus hablara de ello, aunque ayer había hablado con él por teléfono. Ni siquiera le suena la información de que los dos están trabajando juntos en un proyecto. Inquieta, comenta ambas cosas, a lo que Markus responde cada vez más irritado: "¡Claro que lo sabías! Te lo he dicho varias veces. Pero cuando estás de gira, no tienes otra cosa en la cabeza que tus cosas del teatro. No me extraña que siempre te olvides de todo". Luego sale de la habitación enfadado. La incertidumbre de Lina aumenta. ¿Realmente lo ha olvidado? ¿O lo ha oído por casualidad? ¿Actúa de forma egoísta sin darse cuenta? ¿Se toma a sí misma y a su trabajo demasiado en serio y pierde de vista a sus semejantes? ¿Se siente Markus menospreciado por ella? En ella germinan sentimientos de culpa ...

Es evidente que Lina ha pillado a Markus. Para salvar las apariencias, no niega la visita de la señora -lo que difícilmente sería una mentira creíble a la vista de los pelos que hay por ahí-, sino que finge haberle contado a Lina lo de la visita. Pero eso no es todo: para hacerla aún más insegura y darle la sensación de *que* en realidad ha cometido un error y ahora está en deuda con Markus, la ataca a nivel personal insinuando que está menos interesada en él que en sí misma y que descuida la relación por su arte.

Pero también existe el caso contrario: Por ejemplo, un Gaslighter celoso acusará al Gaslightee de infidelidad en cuanto tenga ocasión, arrastrando por los pelos pruebas circunstanciales de ello y transmitiéndole, incluso en situaciones cotidianas, que se está comportando impíamente.

Verena y Stefan se conocen desde hace sólo unos meses y están felizmente enamorados. Es Nochevieja y la pareja es invitada a casa de unos amigos de Verena para celebrar el cambio de año como es debido. En un bullicioso ambiente festivo, los dos llegan a la fiesta y muy pronto empiezan a hablar con varias personas de allí. Por casualidad, Stefan también conoce a una antigua compañera de estudios entre los invitados y entabla una larga conversación con ella; al fin y al cabo, no se han visto desde los años ingrávidos de sus estudios y ahora tienen mucho que intercambiar.

De camino a casa, Verena está callada. Stefan se da cuenta poco a poco de que se comporta de forma distinta a la habitual, pero no le encuentra sentido: después de todo, han pasado una velada agradable... Al cabo de unos minutos, Stefan rompe el silencio y pregunta cautelosamente a Verena si todo va bien. "Por supuesto", responde ella con frialdad. "No quiero molestarte, al fin y al cabo, es evidente que has disfrutado de la velada. Desde luego, mi presencia te resulta bastante incómoda...". Stefan ya no entiende el mundo. ¿Ha hecho algo malo? ¿Qué le pasa a Verena? ¿Le molestaba que estuviera hablando con su antigua novia? Stefan intenta cogerle la mano, pero ella se la aparta. "Oh, no te fuerces a hacer nada. ¡Es obvio que preferirías haberte llevado a esta otra a casa contigo! ¿Supongo que ahora debo ser la sustituta barata?". - Stefan no da crédito a lo que oye. ¡Verena está realmente celosa! ¿De verdad cree que él preferiría a la antigua novia antes que a ella? ¿Sólo porque tuvo una conversación más larga con ella?

Hurga en su memoria... ¿hubo alguna situación en la que pudiera haber surgido esa impresión? ¿Se lanzó a un flirteo sin darse cuenta? "¡Lo siento, Verena, pero lo has entendido todo mal!", dice Stefan. "Conozco a Laura de la universidad, teníamos el mismo círculo de amigos entonces y salíamos juntos a menudo. ¡Pero nunca hubo nada más! Después de licenciarnos, nos perdimos la pista y acabamos de reencontrarnos por primera vez desde entonces. Claro que teníamos mucho de qué hablar, ¡pero eso no significa nada!". - "Ah, entonces no significa nada", vuelve a decir Verena. "Y el hecho de que la desnudaras literalmente con tu mirada, delante de todos los invitados, ¿tampoco significa nada? ¿Y que fingieras *delante de ella que ni siquiera nos conocíamos?". Stefan sacude la cabeza irritado: ¿qué quiere decir Verena? Al fin y al cabo, él sólo hablaba con Laura. Y Verena parecía estar pasándoselo en grande todo el tiempo con sus amigas; nunca se le ocurrió que pudiera sentirse aburrida o abandonada.*

Quiere defenderse, pero no sabe muy bien qué decir... sin quererlo ni darse cuenta, parece haber herido gravemente a Verena. Sin embargo, ¡sólo estaba hablando con una vieja amiga! Sus pensamientos empiezan a acelerarse. ¿Es posible que se haya comportado de forma inapropiada después de todo? "Pero Verena", dice. "¡Eso no es cierto en absoluto! Sólo estábamos hablando. Yo no tenía ningún motivo oculto, y Laura, desde luego, tampoco". Había intentado tranquilizarla, pero sus palabras no dieron en el blanco. Ella se irritó aún más. "No fui la única que se dio cuenta de lo que había entre vosotros. Mis amigos apenas podían creer que hicieras algo así delante de mí. Lo siento, Stefan, pero era completamente obvio. Espero no tener que volver a experimentar algo así, de lo contrario, lo nuestro acabará antes de que puedas pronunciar el nombre de Laura".

En este caso, Verena, por celos, transmite a su pareja que él se ha comportado de forma inapropiada.

Si Stefan estuviera seguro de que no ha habido nada reprobable en su comportamiento, se descartaría una evolución hacia el gaslighting.

Sin embargo, cuando se toma a pecho las acusaciones de Verena y se cuestiona su comportamiento, este mecanismo se pone en marcha. Vuelve la vista atrás en busca de posibles errores que haya podido cometer, desarrolla un sentimiento de culpabilidad y decide tener más cuidado al hablar con otras mujeres en el futuro. Con toda probabilidad, en la próxima ocasión será menos imparcial de lo que fue la noche en cuestión. Sin embargo, es dudoso que Verena esté satisfecha con ello. Probablemente le hará creer que está traicionando su relación hasta que finalmente se retire de todo contacto.

Por supuesto, hay otros innumerables contextos en las relaciones de pareja en los que puede darse el gaslighting. En Internet puedes encontrar varios testimonios de afectados, así como foros donde antiguos afectados por el gaslighing pueden intercambiar ideas y ofrecerse apoyo mutuo, por ejemplo https://gaslighting.org/, https://beziehung.gofeminin.de/forum/gaslighting-manipulation-fd1036060.

EN EL TRABAJO

En la vida laboral cotidiana también se producen una y otra vez situaciones en las que se dice a una persona que su percepción es defectuosa. Las estructuras jerárquicas de poder favorecen además este proceso, al igual que la inseguridad que puede producir la dependencia del puesto de trabajo. El siguiente ejemplo describe la historia de una joven periodista que es objeto de gaslighting sexista en el trabajo.

Theresa es una joven entregada que acaba de empezar a trabajar como periodista en la redacción de una respetada revista. Es el trabajo de sus sueños; ha luchado mucho por este puesto y afronta su trabajo con abnegación. El hecho de que sea la única mujer de su departamento y de que todos sus compañeros sean también al menos diez años mayores que ella y lleven ya años trabajando en la empresa es algo que al principio no le pareció un problema. Pero muy pronto se hace evidente que esta discrepancia provoca ciertas tensiones: Desde el primer día de trabajo, Teresa siente que sus esfuerzos no se valoran lo suficiente y se siente incómoda en este entorno dominado por los hombres. Su actitud entusiasta de base se convierte en su perdición. Entre los gestos de desaprobación general de sus compañeros, también hay comentarios despectivos aquí y allá e incluso ocasionales comentarios sexistas.

A pesar de sus excelentes calificaciones, sólo se le asignan los trabajos menos exigentes y tiene que hacer tareas de las que no sería responsable en absoluto -incluso la obligan a hacer café, aunque ella misma no lo toma-. Cuando Theresa se siente cada vez más insegura, levanta aún más el ánimo y se compromete aún más con su trabajo, pero esto no cambia el ambiente laboral. Al darse cuenta de ello, las expectativas de Theresa caen por los suelos. Así que, en contra de sus intenciones, se desliza cada vez más por este desequilibrio de poder. Cuando habla con sus compañeros sobre el hecho de que no se siente valorada, sólo obtiene como respuesta "¡No armes tanto jaleo!" o "¡Este trabajo es duro!", como si el comportamiento de sus compañeros no tuviera nada que ver con sus sentimientos. El jefe de departamento también responde a sus descripciones con incomprensión y adornos, de modo que ella tiene cada vez más la sensación de que su percepción podría estar distorsionada.

Lo que le ocurre a Teresa aquí es una forma generalizada de gaslighting. Sus colegas y superiores se aprovechan de su posición profesionalmente más segura para hacerla sentir inferior. Como no sólo es más joven que sus colegas, sino también la única mujer de su empresa, el sexismo se añade a la falta de respeto general con que la tratan. Cuando plantea la cuestión abiertamente, se rechazan sus críticas y se la acusa de ser demasiado sensible e incapaz de hacer frente a las elevadas exigencias de su trabajo.

El Gaslighting como fenómeno social

LUZ DE GAS EN LA EDUCACIÓN

La violencia emocional en la crianza puede manifestarse en muchas facetas. Dado que los niños dependen absolutamente de sus padres para su existencia y deben aprender primero la capacidad de formarse sus propias opiniones, está en la naturaleza de las cosas que corran un riesgo especial de ser víctimas de la manipulación, incluso del gaslighting. Por supuesto, en la mayoría de los casos esto no ocurre por mala intención de los padres o educadores, lo que desgraciadamente no hace que los efectos sobre la psique del niño sean menos graves.

Ya empieza a pequeña escala, cuando los padres o educadores, por inseguridad o vergüenza, recurren a mentiras piadosas para encubrir lo ocurrido -un ejemplo: Una madre soltera promete a su hijo llevarlo al zoo el fin de semana. Sin embargo, con poca antelación, su empleador le ofrece un trabajo bien remunerado, que sería una verdadera bendición en su difícil situación económica actual. Por supuesto, tiene escrúpulos: el niño tiene tantas ganas de ir al zoo y lleva días sin hablar de otra cosa, que no quiere estropearle esta alegría. Por otra parte, no puede rechazar este trabajo en su situación, sobre todo porque teme que, si lo rechaza, tampoco la aceptarán en futuras ofertas de trabajo.

Plagada de remordimientos, acepta el encargo, pero no informa a su hijo del cambio de planes, con la infundada esperanza de que el niño no se dé cuenta de que el fin de semana pasa sin visitar el zoo. Pero cuando llega el fin de semana, el niño salta excitado en el piso a primera hora de la mañana, preguntando a cada minuto cuándo se van por fin. La madre se siente acorralada. ¿Cómo va a explicárselo ahora a su hijo? Así que, en lugar de contarle la desagradable verdad, intenta negar la promesa y dice: "Dije que *quizá* iríamos al zoo", lo que, por supuesto, es recibido con una sonora protesta. Continúa: "De todas formas, no puedo ir a ningún sitio contigo, tal y como te comportas. Si no, te encerrarán enseguida en la casa de los monos". Así, la madre se ha librado hábilmente del asunto. Pero, al mismo tiempo, no sólo ha mentido a su hijo, sino que le ha hecho creer que ha recordado mal algo y que su comportamiento también es culpable de que no pueda tener lugar la tan ansiada excursión. En muchas familias, estas situaciones se dan de vez en cuando. Sin duda, es importante evitarlas en la medida de lo posible y, en su lugar, esforzarse por mantener una comunicación abierta, pero que este fenómeno se produzca una sola vez no dejará una huella duradera en el alma del niño.

Pero, por desgracia, también se dan casos mucho más graves en los que los niños son manipulados casi sistemáticamente por sus padres o educadores durante toda la infancia. Especialmente en casos de violencia física y abusos sexuales, los casos extremos de gaslighting suelen desempeñar un papel decisivo. Por ejemplo, a menudo se convence al niño afectado de que no ha sufrido ninguna paliza, agresión, violación, etc., sino que sólo se lo imagina; o peor aún: se le hace creer que se inventa esas historias para atormentar a sus "pobres" padres.

Esto crea una profunda brecha entre lo que el niño se percibe a sí mismo y lo que se le dice que perciba. No sólo debido al juicio aún incompletamente desarrollado, sino también debido a la dependencia emocional y existencial del niño respecto al cuidador, se ve obligado a adoptar una posición ambivalente. Para poder mantener el vínculo de confianza necesario, los niños afectados empiezan a culparse a sí mismos. Desarrollan el sentimiento de que algo va mal con ellos y de que son niños "malos" de cuya tiranía tienen que sufrir los lamentables (infalibles) adultos. La cosa se pone especialmente fea cuando los padres empiezan a involucrar a los amigos del niño en la red de manipulación, por ejemplo, diciéndoles a ellos o a sus padres lo difícil que es el niño, que roba, miente o cosas por el estilo y que hay que tener cuidado con él. A continuación figura una lista de algunas frases habituales en las relaciones de gaslighting entre padres e hijos. Si algunas de ellas te suenan de tu propio pasado, es muy posible que tú también te vieras afectado por ellas en la infancia.

- "¿Estás diciendo que tu madre/padre miente?"
- "Nunca he dicho eso".
- "Nunca lo hice".
- "Mientes descaradamente".

- "No digas tonterías".
- "No puede ser".
- "Me duele mucho más a mí que a ti". (castigos, palizas, etc.)
- "Tú te lo has buscado".
- "No seas así".
- "Vuelves a hacer una montaña de un grano de arena".
- "Cada vez que se está bien, hay que romperlo todo".
- "No tienes sentido del humor".
- "Te pasa algo".
- "Perteneces a un manicomio".
- "No sabes lo bien que lo tienes".
- "Los demás también se darán cuenta de lo terrible niña que eres en realidad".

Los padres que tratan así a sus hijos suelen padecer un trastorno narcisista de la personalidad, que no siempre se reconoce como tal. Muy a menudo, estas experiencias dañinas también tienen lugar en secreto, sin que personas ajenas, como amigos, profesores o vecinos, se den cuenta. Si un niño afectado por el gaslighting muestra un comportamiento que sugiere que algo va mal, los padres suelen sonreír y minimizarlo como un capricho infantil normal.

Ya sea por cortesía fuera de lugar, desinterés o ignorancia real por parte de quienes les rodean, demasiado pocas veces se hace algo después de estas situaciones para averiguar al menos si no podría haber abuso emocional en el entorno doméstico. Y, al mismo tiempo, los mecanismos del gaslighting funcionan de forma tan sutil que a menudo resulta difícil para las personas ajenas a la situación evaluar si existe maltrato hacia el niño y en qué medida. Pero los efectos en el alma del niño son graves en cualquier caso y suelen ser irreversibles o sólo pueden tratarse mediante años de terapia y dolorosos procesos de revalorización. El sentimiento de ser defectuoso, perturbado en la percepción y, en general, culpable, anclado desde la infancia, arraiga y tiene un efecto duradero en la autoestima y el comportamiento de apego de la persona afectada. A menudo, las personas afectadas por el gaslighting en la infancia también entablan relaciones de adultos en las que se repite el patrón destructivo. Han aprendido que relacionarse significa manipular.

GASLIGHTING Y NARCISISMO

La luz de gas también se experimenta a menudo cuando se trata con narcisistas. A menudo ni siquiera son conscientes de lo perjudicial que puede ser su comportamiento para el alma de su contraparte.

Como anteponen su propio bienestar a todo lo demás, a menudo carecen de empatía y tienden a percibir a sus semejantes como una superficie reflectante en la que pueden experimentarse a sí mismos. De este modo, se supone que sus semejantes les sirven ante todo para satisfacer sus necesidades o como medio para alcanzar sus objetivos. Sin embargo, como los narcisistas suelen mostrar un comportamiento muy seguro de sí mismos y encantador, que no les hace reconocibles como narcisistas a primera vista, también les resulta fácil ganarse a sus semejantes al principio. Por eso no es raro encontrarlos en puestos profesionales de alto nivel o en cargos políticos. Sin embargo, la autoestima de los narcisistas es frágil y necesitan la sensación de poder ejercer el control. Las personas con trastorno narcisista de la personalidad utilizarán cualquier medio para conseguirlo, siempre que les conduzca a lo que desean. Cuando se dan cuenta de que no tienen "suficiente" poder sobre su contraparte, a menudo intentan hacerla sentir insegura y debilitar su autoestima. Así pueden percibirse a sí mismos como los "más fuertes".

A las personas con una estructura de personalidad

narcisista les suele costar admitir los errores, por lo que a menudo describen los acontecimientos posteriores como si sólo los demás fueran responsables de todas las desgracias o injusticias. A menudo incluso se retratan a sí mismos como víctimas y así atraen una compasión adicional. Pueden convencer no sólo a los demás, sino también a sí mismos, de su versión distorsionada de la realidad de forma tan convincente que acaban creyéndosela ellos mismos. Especialmente cuando los propios gaslighters están convencidos de sus hechos distorsionados, existe el peligro de que la manipulación continúe y los implicados se vean empujados cada vez más hacia sus posiciones.

LUZ DE GAS Y SEXISMO

A más tardar desde que el debate MeToo hizo olas en octubre de 2017, el tema del sexismo se ha convertido cada vez más en el centro de la percepción pública y, con ello, también de los esquemas de comunicación asociados a él.

Una mirada más atenta revela rápidamente que muchos de los principios inherentes al gaslighting también pueden encontrarse en las estructuras sexistas. Por ejemplo, innumerables mujeres que han sufrido una agresión sexual experimentan que después se produce una *culpabilización de la víctima. Las mujeres* afectadas denuncian repetidamente que los agentes de policía, los familiares o los amigos no creen sus relatos y vuelven a culpar a la víctima. Como si esto pudiera justificar el delito, a las mujeres afectadas se les pregunta, por ejemplo, cómo iban vestidas en el momento del delito, dónde y a qué hora estaban, si estaban solas, si habían bebido alcohol, etc. De este modo, se las acusa indirecta o directamente de haber cometido el delito. De este modo, se les acusa indirecta o directamente de haber provocado al agresor para que cometiera una agresión mediante su apariencia o comportamiento. De este modo, se exculpa al agresor y se responsabiliza a la víctima de lo ocurrido, lo cual es doblemente pérfido, ya que la víctima no sólo tiene que vivir con las graves consecuencias del abuso sexual, sino que también tiene que hacer frente a sentimientos de culpabilidad. "¿Qué debería haber hecho de otra manera para no haber tenido que experimentar esto?" es una pregunta que las víctimas se hacen a menudo, y con esto ya se ha dado el primer paso del gaslighting: Se ha hecho sentir a la víctima que fue culpa suya que le hicieran algo.

"¡No te pongas así todavía!" "Sólo son sutilezas

inofensivas". "¡No seas tan estirada!" - Las chicas y las mujeres que quieren defenderse de insinuaciones no deseadas se enfrentan regularmente a afirmaciones como éstas. Ya sea en el círculo familiar, en el trabajo o en público, casi todas las mujeres se encuentran con una situación así -y, por tanto, con gaslighting- al menos una vez en la vida. En estos ejemplos, se sugiere a la persona afectada que lo que le molesta es totalmente legítimo y que percibe un problema donde no lo hay, con la conclusión lógica de que el problema reside en su percepción.

Es un hecho incontrovertible que a todo ser humano se le debe permitir establecer sus propios límites, tanto psicológicos como físicos, y que éstos deben ser aceptados sin falta por todos los demás seres humanos. Sin embargo, al ignorar y socavar este hecho, los afectados pierden gradualmente esta seguridad (o crecen sin ser conscientes de ello desde el principio). El abuso sexual infantil y la violencia doméstica también suelen conllevar gaslighting basado en las afirmaciones anteriores, o incluso la negación de lo ocurrido: "Nunca ocurrió así".

LUZ DE GAS Y RACISMO

El racismo estructural es también una cuestión que se ha convertido por fin en objeto de debate público en los últimos años: el asesinato del afroamericano George Floyd el 25 de mayo de 2020 contribuyó de nuevo significativamente a ello.

Sin embargo, al igual que se alzan voces en un lado que exigen el reconocimiento y la abolición de las estructuras racistas, también se alzan voces contrarias que no sólo intentan justificar estas estructuras, sino que incluso niegan su existencia. "Desde luego, no hay racismo detrás de esto, sólo ha sido una coincidencia/pitch" es una reacción frecuente cuando se critican injusticias detrás de las cuales se sospecha una actitud racista. Se hace sentir a los afectados que están malinterpretando las cosas, imaginando conexiones y que el problema es realmente suyo. Afirmaciones como "yo no veo ningún color de piel", "el racismo ya no existe" o similares niegan este problema estructural y se declaran nulas las experiencias de las innumerables personas afectadas.

Salir de la trampa de la manipulación - ¿Cómo me protejo y protejo a los demás del gaslighting?

¿CÓMO PUEDO PROTEGERME?

El comportamiento manipulador y el gaslighting pueden afectar a cualquiera. Ser víctima de ellos no es un signo de debilidad, ¡ni siquiera de estupidez! Hay una serie de cosas que puedes hacer y observar para evitar convertirte en el blanco de un ataque de gaslighting. Si estás sensibilizado a estos patrones y ya a sus señales más sutiles, reconocerás como tales incluso los intentos más insidiosos de manipularte y dejarás que reboten en ti de forma ineficaz. Un requisito previo básico para ello es, por supuesto, que seas consciente del peligro que supone el gaslighting y estés bien informado sobre sus modos de funcionamiento, signos y consecuencias. De este modo, podrás diferenciar exactamente cuándo se producen pautas cuestionables y tomar inmediatamente medidas adicionales contra este trasfondo.

Por encima de todo, ¡deja que tu corazón sea tu brújula! Escucha tus sentimientos, porque te dan la información más fiable sobre cómo te encuentras. Pero incluso a las personas que no tienen experiencia de lo que se siente cuando se cuestionan sus propios sentimientos les puede resultar difícil al principio escuchar sin concesiones y sin condiciones en busca de una respuesta a la pregunta: ¿Cómo me va? Al fin y al cabo, la norma de la sociedad supone que a lo largo de nuestra vida aprendemos a no dejarnos influir demasiado por nuestros sentimientos y a poner nuestra capacidad de pensar racionalmente por encima de cualquier sensibilidad. Pero, ¿nos ayuda esto realmente a desarrollar una relación sana y feliz con nosotros mismos y con nuestros semejantes? ¿No basamos a menudo nuestras acciones en la razón, haciendo o dejando de hacer algo sólo porque creemos que debe hacerse? ¿No tomamos a menudo decisiones después de considerarlas detenidamente, pero ignoramos la voz de nuestro instinto?

En todas las situaciones de la vida, reconocemos intuitivamente si nos sentimos bien o no. Las razones de nuestro respectivo sentimiento pueden resultarnos a veces tan oscuras, sin embargo el sentimiento está innegablemente presente y tiene algo que decirnos. Tanto si nos sentimos espontáneamente atraídos por alguien como si de repente surge en nosotros la alarmante sensación de que algo no va bien: merece la pena tenerlo en cuenta. De este modo, tu voz interior puede advertirte a tiempo si estás formando un vínculo con alguien que, retrospectivamente, resultará perjudicial para ti. Cuanto más fuerte sea la confianza de una persona en sí misma, menos posibilidades tendrán los gaslighters de marcar la diferencia con su pérfido juego.

EN 5 PASOS PARA SALIR DE LA TRAMPA DE LA MANIPULACIÓN

Ahora que se han enumerado una serie de ejemplos y se han explicado sus signos y consecuencias, surge la pregunta: ¿Qué hacer si sospechas que tú mismo eres víctima del gaslighting o que alguien de tu entorno podría estar afectado? ¿Qué pasos son necesarios para resolver la creciente duda sobre ti mismo y recuperar terreno o ayudar a otras personas a salir de su situación? Aquí encontrarás instrucciones detalladas con ayuda concreta. El próximo capítulo entrará en más detalles sobre cómo puedes ayudar a otras personas afectadas a salir de una relación de gaslighting.

1. obtener claridad

Ya sea en el trabajo, en una relación o en las estructuras familiares, ponte en guardia si cada vez tienes más la impresión de que algo va mal en tu percepción. Antes de dejarte inquietar demasiado, crea una imagen clara de tu situación. Esto puede sonar paradójico a la vista de la situación, pero sin embargo es posible hasta cierto punto. A saber, haciendo exactamente lo que el gaslighter potencial probablemente quiera impedirte que hagas: Confiar en tu instinto. Si no te sientes a gusto en tu situación actual o crees que algo va mal, tómatelo en serio y llega al fondo del asunto.

Para ello, desconecta por un momento la distinción entre verdadero y falso y formula por ti mismo, con la mayor precisión posible, qué es lo que te hace sentir inseguro en la situación actual, cómo te sientes, qué temores tienes, etc. Lo ideal sería que también hicieras comparaciones (si es posible) con momentos anteriores en los que no conocías a esa persona. Ignora cualquier pensamiento que pueda surgir, como "Pero si sólo me estoy imaginando cosas": lo principal es cómo te sientes y cómo percibes las cosas. Así que no tengas miedo de hacer un balance sincero.

2. escribe un diario

Es aconsejable anotar en un papel los procesos de pensamiento mencionados. Si lo tienes todo en blanco y negro, te resultará más fácil organizar tus pensamientos. Lo mejor es que te acostumbres a documentar cada día tu estado emocional con la mayor precisión posible. Es especialmente útil para reconocer las estructuras de gaslighting que cojas papel y boli directamente después de todas las conversaciones con el gaslighter, para anotar lo que se dijo lo más literalmente posible, o que sólo te comuniques con esa persona por escrito, por ejemplo, por correo electrónico o mensaje de texto (lo cual, por supuesto, es más factible con compañeros de trabajo o superiores que con amigos íntimos o miembros de tu propia casa). De este modo, siempre tienes la posibilidad de acceder al contenido de las conversaciones más atrás en el tiempo, sin que quede distorsionado por la memoria.

Además, puedes refutar objetivamente cualquier afirmación de la otra persona comparándola con tus propias notas. Otra ventaja de ponerlo por escrito es que más adelante, cuando hables con personas ajenas a ti, dispondrás de una prueba tangible de las complicaciones en cuestión, que puede ser de especial interés si tienen que intervenir autoridades superiores, por ejemplo la oficina de asistencia a la juventud en el contexto de una separación o el comité de empresa en caso de gaslighting en el lugar de trabajo.

3. buscar el intercambio con otras personas

Como ya se ha explicado, la relación de confianza entre Gaslighter y Gaslightee es como un caldo de cultivo en el que pueden florecer las manipulaciones. Sin embargo, este proceso sólo puede ser realmente imperturbable si las influencias externas a esta relación son lo más reducidas posible. Por lo tanto, cualquier opinión objetiva de personas ajenas puede hacer tambalear el constructo del gaslighter, por lo que intentará desacreditar el entorno de alguna manera lo antes posible. Esto puede ocurrir de muchas maneras: Por ejemplo, trasladando sus propias opiniones al entorno ("Todos estamos de acuerdo en que exageras") o inculcando al gaslightee que los demás sólo fingen que todo va bien por lástima.

Si el gaseador consigue mitigar suficientemente las influencias externas a tiempo, los frutos de sus intrigas pueden florecer completamente sin control. Para evitar precisamente esto, en cualquier caso debes buscar el intercambio con otras personas. De este modo, podrás realizar *comprobaciones de la realidad por ti mismo* en una fase temprana para poder sopesar si las afirmaciones del gaslighter están justificadas.

Ante todo, consulta a amigos con los que tengas una relación estable de confianza, pero que, sin embargo, estén implicados lo menos posible en la relación entre el gaslighter y tú. Así estarás seguro de que esa persona tiene una visión ampliamente objetiva de la situación. Además, utiliza tus notas: también te ayudarán a mantener la objetividad y la coherencia.

Además de hablar con personas ajenas a la situación, también puede ser útil ponerse en contacto con personas que también estén afectadas. Especialmente en casos de sospecha de gaslighting en el trabajo o en la familia, tiene sentido hablar abiertamente con las personas implicadas sobre cualquier intento de manipulación. Por un lado, esto puede revelar que algunas personas ya han encontrado una forma de afrontarlo; por otro, ¡tu iniciativa puede hacer que las personas sean conscientes de su situación en primer lugar!

Sin embargo, también puede ocurrir que ni hablando con personas ajenas ni con personas implicadas llegues a percepciones que sean concluyentes para ti. O que incluso después del intercambio con todas estas instancias, persista la sensación de que algo va mal en ti y en tu percepción. Si éste es el caso, en este punto deberías buscar ayuda profesional. Un primer paso puede ser descolgar el teléfono: La línea de ayuda a la mujer (08000 116 016), por ejemplo, ofrece asesoramiento e información las 24 horas del día. Si se trata de un caso de gaslighting en tu lugar de trabajo, ponte en contacto con el comité de empresa. En el apartado "Dónde puedo encontrar ayuda profesional", al final de la guía, encontrarás otros puntos de contacto donde puedes obtener ayuda aguda o apoyo psicológico a largo plazo.

También puedes enfrentarte tú misma al gaslighter. Sin embargo, esto sólo es aconsejable si te sientes lo bastante fuerte como para exponerte a esta situación estresante. Además, enfrentarse al gaslighter sólo es útil en algunos casos. Por ejemplo, si estás tratando con una persona con trastorno narcisista de la personalidad, no es aconsejable que hables con ella, pues lo más probable es que sólo consiga desgastarte aún más y no puedas esperar ninguna mejora de ello.

Si a pesar de todo llegas a la conclusión de que una conversación aclaratoria con el gaslighter podría ser apropiada en tu caso y te sientes capaz de hacerlo, prepárate bien para ella. Porque es muy probable que en el transcurso de la conversación tu contraparte se esfuerce aún más de lo habitual por hacerte sentir inseguro. E incluso si la persona es cercana a ti: no te dejes desanimar por ningún cruce de reproches. Eres suficientemente consciente de lo que te molesta del comportamiento de la otra persona y también has intercambiado opiniones con personas ajenas a ti, así que estás en tu derecho de comunicar tus demandas.

Ten en cuenta que una conversación con el gaslighter sólo es productiva si está dispuesto a escucharte y a tomarte en serio. Si en el transcurso de la conversación notas que no obtienes más que resistencia y que no se te escucha, interrumpe la conversación. No tendría sentido continuar, ya que una mejora sólo es posible con la suficiente voluntad de comprender y cooperar.

En el afortunado caso de que llegues a la persona en cuestión y esté dispuesta a cambiar su comportamiento, podéis trabajar juntos para encontrar una salida a la situación. Lo ideal es que ambas partes busquéis ayuda profesional, ya que puede que al gaslighter le interese que estos desacuerdos no vuelvan a producirse en el futuro.

Pero, por desgracia, en la mayoría de los casos una conversación aclaratoria se descarta desde el principio o no consigue la mejora deseada de la situación, si es que incluso la empeora. Por lo tanto, suele ser necesario dar otros pasos.

4. rompe el contacto

Cuanto más te hayas metido en el vórtice del gaslighting, más difícil te resultará volver a la superficie. Si has llevado a cabo con éxito los pasos hasta este punto, rompe el contacto con el gaslighter con efecto inmediato si es posible, o al menos redúcelo hasta tal punto que puedas distanciarte de la situación.

Si la persona en cuestión es sólo un amigo lejano o un compañero de trabajo, por supuesto es más fácil distanciarse por completo que con un familiar o una pareja. Pero incluso si la persona en cuestión es cercana a ti, date cuenta por un momento de lo que está pasando aquí: la manipulación crea una dependencia emocional que pone la relación entre ambos en un enorme desequilibrio. Los seres humanos somos fundamentalmente muy adaptables, por lo que es muy probable que con el tiempo te hayas acostumbrado a las numerosas restricciones y vejaciones y ya ni siquiera las percibas como tales. Subjetivamente, este mecanismo reduce el daño causado; sin embargo, no resta gravedad a la situación. Por tanto, hazte la siguiente pregunta: ¿realmente quieres vivir en una relación que te provoca permanentemente dudas sobre ti misma y te somete a una tensión psicológica duradera?

Si temes que tu pareja pueda llegar a las manos contigo, obligarte a quedarte con él o ella contra tu voluntad, o agredirte de cualquier otra forma, es importante que consultes la línea de ayuda (08000 116 016) o una línea telefónica similar. Allí también puedes obtener información sobre la protección de las víctimas, así como contactar con centros de apoyo de tu zona. La violencia psicológica no es en modo alguno menos devastadora que la violencia física y es igualmente punible. Así que no dudes en pedir ayuda.

5. silencia tu gaslighter interior

El gaslighting deja inevitablemente su huella en la persona afectada. Ya se han mencionado muchos de los posibles daños consecuentes; aparte de una autoestima generalmente debilitada, las acusaciones e insinuaciones por parte del gaslighting a menudo ya han calado con tanta fuerza que, incluso tras la resolución de esta penosa relación, la persona gaslighting sigue teniendo que luchar con patrones recurrentes de pensamientos y sentimientos establecidos por el gaslighting.

Del mismo modo que la forma en que nos tratan nuestros padres en la infancia se interioriza y se repite a lo largo de la vida como una voz interior, la psique también interioriza subconscientemente la voz del gaslighter. Por tanto, los sentimientos de inseguridad, inutilidad o alienación asociados al gaslighting pueden persistir mucho después de que se haya roto el contacto tóxico: el veneno sigue teniendo efecto. Para contrarrestarlo, es aconsejable buscar ayuda psicológica a largo plazo.

Puede que de repente te sientas mejor y más libre inmediatamente después de desvincularte de la relación de gaslighting (la separación, la ruptura del contacto, etc.). Esto es lógico; al fin y al cabo, has vivido bajo los dictados de la influencia dañina durante un tiempo considerable y ahora por fin puedes volver a pensar y actuar de forma autodeterminada.

Pero ten en cuenta que este estado eufórico inicial no debe tomarse como prueba de un episodio completamente superado. Todo proceso de aprendizaje lleva su tiempo y la curación rara vez es lineal: es bastante normal sentirse arrojado de nuevo tras un vuelo inicial de fantasía y tener la impresión de que no se puede llegar más lejos.

¿CÓMO PUEDO AYUDAR A LOS AFECTADOS?

Ya sea en el trabajo, entre amigos o en relación con estructuras sexistas o racistas, si percibes gaslighting en tu entorno o incluso lo sospechas, ¡no permanezcas inactivo! El gaslighting es cualquier cosa menos inofensivo y puede tener consecuencias psicológicas duraderas. Las personas afectadas por el gaslighting suelen desarrollar depresión o trastornos de ansiedad. Así que si sospechas siquiera que alguien de tu entorno puede estar afectado por él Mantén los ojos abiertos y, si es posible, intenta estar al lado de la persona afectada. Por supuesto, hay que buscar ayuda profesional, sobre todo en los casos graves, pero a los afectados les puede resultar mucho más fácil encontrar una salida a la relación de gaslighting si reciben ayuda y apoyo de quienes les rodean.

Especialmente cuando el proceso de gaslighting está bastante avanzado y el gaslightee ya ha perdido gran parte de su autoestima y de la confianza en su autopercepción, es muy valioso indicarle que estás a su lado, que le crees y que puede confiar en ti sin dudarlo. Puedes ayudar a un Gaslightee con estos pasos concretos:

1. ¡Observa la situación!

En cuanto sospeches siquiera que alguien de tu entorno puede estar afectado por el gaslighting, vigila discretamente la situación. El gaslighting suele funcionar a través de medios sutiles que no son visibles a primera vista. Sin embargo, si sospechas que este problema puede estar presente en tu entorno profesional o privado, intenta obtener más claridad al respecto. Una situación puntual no es necesariamente decisiva, pero si los indicios se acumulan, ¡deberían sonar tus alarmas en cualquier caso! Si se confirman tus sospechas, ¡actúa inmediatamente para ayudar a la persona afectada!

2. ¡Habla con la persona afectada!

Puede que esto no siempre sea fácil, sobre todo si no tienes una estrecha relación de confianza con la persona. Pero ¡quién sabe el gran servicio que le estarás prestando!

Los propios Gaslightees a menudo no son conscientes del pérfido juego en el que están implicados; si de vez en cuando surge en ellos una sospecha en este sentido, normalmente ni ellos mismos confían en esta sospecha. Puede ser útil contar con el apoyo de una persona externa. Pero aquí se recomienda precaución, ¡por supuesto que se trata de un tema muy delicado! No sólo porque el gaslightee puede tener fácilmente la impresión de que alguien quiere ser condescendiente con él o insinuar debilidad, sino también porque los gaslightees a menudo no están seguros de en quién pueden seguir confiando y en quién no, sobre todo si su atormentador les ha dicho que todo el entorno ya se ha dado cuenta de lo loca que está la persona. Así que ten siempre en cuenta la situación emocional de la persona sometida a gaslighing y trátala como te gustaría que te trataran a ti en una situación similar.

3. Escucha. Estate presente.

Una vez que el Gaslightee haya llegado a confiar en ti,

probablemente desempeñarás un papel importante para él. Entre otras cosas, porque una relación de gaslighting -por tóxica que sea- se basa en un fuerte vínculo y en la dependencia mutua. Si el Gaslightee reconoce estos patrones y empieza a romper con ellos, también perderá mucha supuesta estabilidad y seguridad. Es muy probable que primero busque esto en ti.

Por supuesto, sólo puedes y debes concederlo hasta cierto punto, incluso en amistades muy íntimas. Por ello, es aún más importante buscar también la ayuda profesional de un centro de asesoramiento psicológico o de un psicoterapeuta. No obstante, con tus oídos abiertos puedes contribuir de forma importante a que el Gaslightee vuelva a sentirse con los pies en la tierra.

4. ¡Respeta tus propios límites!

Sin embargo, el hecho de que estés allí por el Gaslightee no debe significar en modo alguno que tengas que aceptarlo todo sin contradicciones. Debes escucharle sin prejuicios, pero no tienes por qué decirle lo que tiene que decir si percibes algo de forma distinta a él.

El diálogo desde distintos puntos de vista es una señal importante de respeto mutuo, e incluso fortalecerá al Gaslightee en su proceso si experimenta que es posible tener opiniones diferentes sin iniciar una lucha de poder. Del mismo modo, no debes dejarte llevar y estar disponible para él más allá de tus propias fuerzas, ¡a cualquier hora del día o de la noche! Puedes acompañarle, pero no debes cargar con él.

5. ¡Pon al Gaslightee en ayuda profesional!
Especialmente tras una relación prolongada de gaslighting que haya dejado graves daños, es absolutamente necesario consultar a un centro de asesoramiento psicológico o a un terapeuta. A menudo hay inhibiciones a la hora de dar este paso, pero puedes facilitar que la persona afectada empiece, por ejemplo, ofreciéndole ayuda para encontrar un terapeuta o preguntándole regularmente cómo le va en su búsqueda. Indícale que buscar ayuda no es un signo de debilidad y muestra interés por cómo van las cosas.

¿DÓNDE PUEDO ENCONTRAR AYUDA PROFESIONAL?

Si el gaslighting tiene lugar en el entorno laboral, un primer paso puede ser dirigirse a los superiores, siempre que, por supuesto, ellos mismos no estén implicados. En algunas empresas y universidades también existe la posibilidad de ponerse en contacto con responsables de asuntos de la mujer o de igualdad de oportunidades. A menudo también pueden facilitar direcciones a las que dirigirse para un tratamiento terapéutico posterior.

Por supuesto, también es posible buscar un terapeuta adecuado por tu cuenta. Internet ofrece incluso motores de búsqueda en los que puedes buscar específicamente a alguien que se ajuste a tus necesidades estableciendo varios filtros (por ejemplo, www.therapie.de, Kassenärztliche Bundesvereinigung). También puedes acudir a centros de asesoramiento psicológico como ProFamilia. También los ofrecen algunas organizaciones eclesiásticas (por ejemplo, Diakonie).

Si necesitas ayuda urgente, también puedes ponerte en contacto con un servicio de asesoramiento telefónico. Suelen estar disponibles durante todo el día y son gratuitos.

Asesoramiento telefónico de la
Iglesia Protestante: 0800 / 111 0 111
e Iglesia Católica: 0800 / 111 0 222

Por supuesto, puedes aprovechar la ayuda de ambos números independientemente de tu religión o confesión.

Más información: www.telefonseelsorge.de

Jugar con las sombras

Aunque el término gaslighting y la conciencia pública de este mecanismo no tienen ni cien años, el tema en sí es probablemente tan antiguo como la propia humanidad. La investigación en este campo también está aún en gran parte en pañales, pero a medida que crece la conciencia pública, también lo hacen los intentos de psicólogos y periodistas por llegar al fondo de esta cuestión y de cómo funciona.

Esta guía te ha dado una primera visión general de todos los mecanismos inherentes al gaslighting y sus efectos; pero también asistencia que puede ayudarte en tu camino para salir de la trampa del gaslighting. Salir de esta complicada situación requiere mucha fuerza y puede ser muy doloroso; pero una vez superada esta crisis, te sentirás mejor y seguirás adelante con tu vida con una confianza en ti misma completamente nueva.

Por último, me gustaría darte algunos consejos de lectura adicionales:

- Julia Naue: *Cuando los demás manipulan nuestra percepción.*
- Sandra Berthaler: *Psicoterror en las relaciones: Manipulación hasta la locura: así abusan de sus víctimas los "gaslighters".*
- *El gaslighting es un maltrato psicológico sutil: a menudo son personas cercanas las que atormentan a sus víctimas mediante este tipo de manipulación. Un informe de campo.*
- Henrike Möller: *Gaslighting: Cuando la percepción es controlada por otros.*
- Kira Cossa: *Hijas de madres narcisistas: Gaslighting.*
- *Estrategia "Gaslighting": Cómo la manipulación consciente de la realidad enferma a las personas.*
- Bärbel Wardetzki: *Gaslighting: la inseguridad total - "Pensé que me estaba volviendo loca".*
- Verena Maria Dittrich: *Gaslighting: el pérfido afán de manipulación*

• Jan Drees: *Sobre el abuso emocional,*

• Gaslighting - Abuso psicológico sutil | Kleinerdrei

• Jan Drees: *Gaslighting: tengo miedo de mi ex - sobre el reportaje*

• Las chicas: "Gaslighter"